BEI GRIN MACHT SICH IHR WISSEN BEZAHLT

Bibliografische Information der Deutschen Nationalbibliothek:

Die Deutsche Bibliothek verzeichnet diese Publikation in der Deutschen National-
bibliografie; detaillierte bibliografische Daten sind im Internet über http://dnb.d-
nb.de/ abrufbar.

Impressum:

Copyright © 2019 GRIN Verlag
Druck und Bindung: Books on Demand GmbH, Norderstedt Germany
ISBN: 9783346146298

Anonym

Erstellung eines Trainingsplans für das Ausdauertraining

GRIN Verlag

GRIN - Your knowledge has value

Der GRIN Verlag publiziert seit 1998 wissenschaftliche Arbeiten von Studenten, Hochschullehrern und anderen Akademikern als eBook und gedrucktes Buch. Die Verlagswebsite www.grin.com ist die ideale Plattform zur Veröffentlichung von Hausarbeiten, Abschlussarbeiten, wissenschaftlichen Aufsätzen, Dissertationen und Fachbüchern.

Besuchen Sie uns im Internet:

http://www.grin.com/

http://www.facebook.com/grincom

http://www.twitter.com/grin_com

Deutsche Hochschule für

Prävention und Gesundheitsmanagement

Hermann Neuberger Sportschule 3

66123 Saarbrücken

Einsendeaufgabe

Fachmodul: Trainingslehre II

Studiengang: B.A. Fitnessökonomie

Datum
Präsenzphase: 12.06.2019 – 14.06.2019

Studienort: **Frankfurt am Main**

Semester: **SS 2018**

Inhaltsverzeichnis

1 Diagnose

Im Verlauf der Bearbeitung der Einsendeaufgabe zum Studienmodul Trainingslehre II wird die Trainingsplanung für das Ausdauertraining für eine Person erstellt. Im Folgenden wird diese Person Versuchsperson X, Herr X oder Versuchsperson genannt.

1.1 Allgemeine und biometrische Daten

Im Folgenden werden die allgemeinen und biometrischen Daten der Versuchsperson X tabellarisch dargestellt:

Tab. 1: Allgemeine und biometrische Daten (eigene Darstellung)

Alter	35 Jahre
Geschlecht	Männlich
Körpergröße	1,80m
Körpergewicht	85kg
Trainingsmotive	Ausdauer verbessern, Gewicht reduzieren
Berufliche Tätigkeit	Informatiker
Aktuelle und frühere sportliche Aktivitäten	Vor 15 Jahren das letzte Mal Schulsport, keine aktuellen sportlichen Aktivitäten
Zeitlicher Verfügungsrahmen	3x die Woche für jeweils eine Stunde. Dienstag, Donnerstag, Sonntag
Blutdruck	128/ 82 mmHg
Ruhepuls	75 S/ Minute
BMI	26,23 kg/m²
Bauchumfang	108 cm
Watt/kg KG	1,47 Watt/kg KG
Gesundheitliche Einschränkungen	keine
Allgemeiner Gesundheitszustand	keine Auffälligkeiten
Einnahme von Medikamenten	keine

Der BMI liegt mit 26,23 laut WHO (2000) im Bereich der Präadipositas (BMI 25-29,9) und weist ein gering erhöhtes Risiko für Begleiterkrankungen wie Diabetes, koronare Herzkrankheiten etc. auf. Der BMI ist grundlegend umstritten, da die Berechnung den Körperfettanteil nicht berücksichtigt und somit oft sportliche und trainierte Personen als übergewichtig einstuft. Auf Grund dessen wird hier der Bauchumfang als Bewertungskriterien herangezogen (siehe Aufgabe 3.1). Der Blutdruck liegt mit 182/ 82 mmHg im Normalbereich (120-129/80-84, (Croci, 2018)). Auch der Ruhepuls liegt mit 75 Schlägen pro Minute ebenfalls im Normbereich (60-80 Schläge pro Minute (Croci,2018)).

Folgend sind die Normwerttabellen für den Blutdruck, den Ruhepuls und den BMI aufgeführt:

Tab. 2: Einteilung der Blutdruckwerte laut WHO (modifiziert nach Croci, 2018)

	Systolisch (mmHg)	Diastolisch (mmHg)
Optimaler Blutdruck	< 120	< 80
Normaler Blutdruck	120 – 129	80 – 84
Hoch-normaler Blutdruck	130 – 139	85 – 89
Milde Hypertonie (Stufe 1)	140 – 159	90 – 99
Mittlere Hypertonie (Stufe 2)	160 – 179	100 – 109
Schwere Hypertonie (Stufe 3)	>=180	>= 110

Tab. 3: Normwerttabelle Ruhepuls (modifiziert nach Croci, 2018)

Alter	Pulsschläge pro Minute
14 Jahre	85
Erwachsene	60 – 80
Senioren	80 - 85

Tab. 4: Gewichtsklassifikation bei Erwachsenen anhand des BMI (nach WHO, 2000)

Kategorie	BMI	Risiko für Begleiterkrankungen
Untergewicht	< 18,5	Niedrig
Normalgewicht	18,5 – 24,5	Durchschnittlich
Übergewicht	≥ 25	
Präadipositas	25 – 29,9	Gering erhöht
Adipositas Grad 1	30 – 34,9	Erhöht
Adipositas Grad 2	35 – 39,9	Hoch
Adipositas Grad 3	≥ 40	Sehr hoch

1.2 Leistungsdiagnostik/Ausdauertestung

1.2.1 Begründung Auswahl Ausdauertest

Da die Versuchsperson X vor 15 Jahren das letzte Mal Sport getrieben hat (Schulsport der Oberstufe), wird davon ausgegangen, dass er als untrainierte Person einzustufen ist und keinem leistungsintensiven Test unterzogen werden sollte, um einer Überlastung vorzubeugen. Der WHO-Test wurde für ausdauerleistungsschwache Personen entwickelt und wird unter submaximaler Belastung durchgeführt. Er beinhaltet mit zwei Minuten eine kurze Belastungsdauer und ebenfalls eine geringe Steigung von 25Watt pro Belastungsstufe, wodurch Herr X langsam an die Belastung herangeführt werden kann, ohne ein vermeidbares Verletzungsrisiko einzugehen. Würde die Versuchsperson X einen Ausdauertest machen, der für durchschnittlich bis gut trainierte Personen geeignet ist (z.B. Hollmann-Venrath-Test, Vita-Maxima-Test, Wingate-Test), ist davon auszugehen, dass der Test sehr schnell abgebrochen werden muss. Dies würde Herr X bereits vor Beginn des eigentlichen Ausdauertrainings demotivieren und eventuell zu einem vorzeitigen Abbruch des Trainingsplans führen. Auf Grund dessen eignet sich der Ausdauertest der WHO am besten für die Versuchsperson.

1.2.2 Testprotokoll

Um einen Ausdauertest durchführen zu können, werden verschiedene Fragen zur aktuellen Befindlichkeit gestellt, um ausschließen zu können, dass Kontraindikationen vorliegen. Herr X hat alle Fragen zu fieberhaften Erkrankungen, aktuellen Entzündungen etc. ausgeschlossen und bestätigt, dass er sich in der Lage fühlt, diesen Test durchzuführen. In der Eingangsdiagnose wurden bereits allgemeine gesundheitliche Einschränkungen und medikamentöse Einnahmen ausgeschlossen.

Der Ergometertest wird als Stufentest durchgeführt, bis die vorher errechnete Ziel-Herzfrequenz von 150 Schlägen pro Minute erreicht wird, insofern kein vorzeitiger Abbruch notwendig ist. Die Berechnung der Pulsobergrenze erfolgt durch die Formel der WHO: 180 – Lebensalter (nach Rost, 2002, S.57). Somit liegt die Pulsobergrenze der 30-jährigen Testperson bei 150 Schlägen pro Minute. Wird der Puls von 150 Schlägen pro Minute erreicht, wird der erreichte Wattwert notiert und anschließend durch das

Körpergewicht geteilt. Das Belastungsschema kann der folgenden Tabelle (Tab. 5) entnommen werden:

Tab. 5: Belastungsschema WHO-Ausdauertestung (modifiziert nach IPN, 2004)

Testprofil	WHO-Schema
Eingangsbelastung	25 Watt
Stufendauer	2 min
Belastungssteigerung	25 Watt
Umdrehungszahl	60 – 80 U/min
Pulsobergrenze	180 – LA = 180 – 30 = 150 S/min (nach Rost, 2002, S.57)
Normbewertung	Watt/kg KG

Folgend werden die erreichten Watt-Werte und die gemessenen Herzfrequenzen tabellarisch dargestellt:

Tab. 6: Testprotokoll WHO-Ausdauertestung (eigene Darstellung)

Watt	Herzfrequenz nach min 1	Herzfrequenz nach min 2
25 Watt	85 S/min	89 S/min
50 Watt	94 S/min	101 S/min
75 Watt	112 S/min	120 S/min
100 Watt	134 S/min	141 S/min
125 Watt	144 S/min	150 S/min

Der Test wurde nach dem Durchfahren der 5. Stufe nach 10 Minuten beendet, da die Pulsobergrenze von 150 Schlägen pro Minute erreicht wurde. Die 5. Stufe wurde vollständig mit 125 Watt durchfahren.

1.2.3 Bewertung Ausdauertest

Um die Testergebnisse mit Normwerten vergleichen zu können, wird die erreichte Wattstufe durch das Körpergewicht in kg geteilt:

Watt / kg Körpergewicht

= 125 Watt / 85kg Körpergewicht

= 1,47 Watt/ kg Körpergewicht

Wird der Wert von 1,47 mit den Normwerten der folgenden Tabelle (Tab. 7) verglichen, geht hervor, dass die Versuchsperson stark unter dem Durchschnitt liegt und seine Ausdauer mit sehr schlecht zu bewerten ist.

Tab. 7: Normwerte Männer Watt pro kg Körpergewicht – submaximaler Radergometertest (modifiziert nach IPN, 2004, S.8)

Alter	<30	30 - 34	35 - 39	Bewertung
	1,45	1,38	1,31	Sehr schlecht
	1,50	1,43	1,35	Sehr schlecht
	1,55	1,47	1,40	Sehr schlecht
	1,60	1,52	1,44	Sehr schlecht
	1,65	1,57	1,49	Sehr schlecht
	1,70	1,62	1,53	Schlecht
	1,75	1,66	1,58	Schlecht
	1,80	1,71	1,62	Schlecht
	1,85	1,76	1,67	Schlecht
	1,90	1,81	1,71	Schlecht
	2,0	1,90	1,80	Durchschnitt
	2,20	2,09	1,98	Durchschnitt
	2,40	2,28	2,16	Durchschnitt
	2,60	2,47	2,34	Gut
	2,80	2,66	2,52	Gut

1.3 Gesundheits- und Leistungsstatus der Person

Die Bewertung des Gesundheits- und Leistungsstatus erfolgt über die Bewertung der biometrischen Daten und der Auswertung des Ausdauertests.

Da der BMI nicht als aussagekräftiges Bewertungsmaß für Fettleibigkeit bzw. Adipositas dient, wird der Taillenumfang zur Bewertung herangezogen. Ab einem Wert von ≥102cm Taillenumfang liegt eine abdominale Fettverteilung (Deutsche Adipositas-Gesellschaft, 1998) (Apfeltyp) vor, welche ein erhöhtes Risiko für Herz-Kreislauf-Erkrankungen und Diabetes-Typ-2 bedeutet (Folsom et al., 2000, InterAct Consortium et al., 2012; Wang, Rimm, Stampfer, Willett & Hum, 2005). Der Taillenumfang von Herr X liegt bei 108cm und weist somit eine abdominale Adipositas vor mit den eben beschriebenen erhöhten Risiken. Weiterhin lässt sich aus der Tatsache, dass Herr X. seit seiner Schulzeit keinen Sport betrieben hat, schließen, dass sowohl der Leistungs- als auch der Gesundheitsstatus eher schlecht ist (Martin & Marti, 1998). Die Versuchsperson hat in dem WHO-Ausdauertest mit 1,47 Watt pro Kilogramm Körpergewicht abgeschnitten und liegt somit stark unter dem Durchschnitt. Dementsprechend liegt der Leistungsstatus ebenfalls sehr gering, was daraus resultiert, dass Herr X seit seiner Schulzeit keinen sportlichen Betätigungen mehr nachgegangen ist. Zusammenfassend lässt sich sagen, dass die Versuchsperson einen eher schlechten Leistungs- und Gesundheitszustand hat und das Training zu Beginn mit einer geringen Belastung durchzuführen ist, um das Herz-Kreislauf-System nicht zu überlasten und an sportliche Aktivitäten zu gewöhnen. Der erste Re-Test ist nach dem 2. Mesozyklen durchzuführen, um die Fortschritte zu dokumentieren.

2 Zielsetzung/Prognose

Im Folgenden werden die festgesetzten Ziele der Versuchsperson X tabellarisch dargestellt und anschließend erläutert. Die Trainingsziele basieren auf den Trainingsmotiven und den gesundheitlichen Voraussetzungen.

Tab. 8: Zielsetzung: Inhalt, Ausmaß, Zeit (eigene Darstellung)

Inhalt	Ausmaß	Zeit
Joggen	30 min durchgängig	3 Monate
Körperfettreduktion	5 kg	6 Monate
Leistungsfähigkeit steigern	0,43 Watt/kg KG	6 Monate

Im Allgemeinen ist es sehr wichtig für die Versuchsperson sich sportlich zu betätigen, da sie es die letzten Jahre stark vernachlässigt hat. Herr X ist Informatiker in einer großen Firma. Seine Kollegen haben sich als Team für einen Firmenlauf angemeldet, bei dem er auch teilnehmen möchte. Der Lauf ist ein Spendenlauf, bei dem jeder Teilnehmer 30 Minuten läuft und für jede gelaufene Runde ein Betrag X an eine gemeinnützige Organisation gespendet wird. Auf Grund dessen ist das erste Ziel, dass die Versuchsperson in der Lage ist, 30 Minuten ohne Pause durchlaufen zu können. Da Der Lauf in 3 Monaten stattfindet, wird die Zeit des Ziels auf 3 Monate festgelegt. Die Körperfettreduktion wird als zweites Ziel genannt, da sowohl der BMI, als auch der Taillenumfang erhöht ist und somit ein erhöhtes Risiko für Herz-Kreislauf-Erkrankungen und eine Insulinresistenz besteht (Folsom et al., 2000). Bei einer Körperfettreduktion von 5kg würde der Taillenumfang sinken und somit auch die gesundheitlichen Risiken. Als drittes Ziel steht die Steigerung der Ausdauerleistung. Gemessen wird diese in Watt pro Kilogramm Körpergewicht nach der Weltgesundheitsorganisation. Herr X. soll sich um 0,43 Watt/kg KG steigern, um im unteren durchschnittlichen Bereich zu liegen.

3 Trainingsplanung Mesozyklus

3.1 Grobplanung Mesozyklus

Tab. 9: Grobplanung Mesozyklus (eigene Darstellung)

Dauer	6 Wochen
Trainingsziel	Entwicklung der Grundlagenausdauer
Belastungsumfang/Woche	1,5 Stunden
Trainingsmethoden	Extensive Dauermethode
Trainingsintensität	60–70% Hfmax
Trainingshäufigkeit/Woche	3 x
Dauer pro Trainingseinheit	20 - 30 min
Trainingsgeräte	Fahrrad, Laufband (walken, joggen)

3.2 Detailplanung Mesozyklus

Tab. 10: Detailplanung Mesozyklus (eigene Darstellung)

	Woche	1	Woche	2	
	Mi	Sa	Di	Do	So
Ziel	GA1	GA1	GA1	GA1	GA1
Methode	Ext. DM	Ext. DM	Ext. DM	Ext. DM	Ext. DM
Intensität	60–75% Hfmax	60–75% Hfmax	60–75% Hfmax	60–75% Hfmax	60–75% Hfmax
Trainings-Herzfrequenz	99-124 S/min	99-124 S/min	99-124 S/min	99-124 S/min	99-124 S/min
Dauer	20 min	20 min	25 min	25 min	25 min
Gerät	Fahrrad	Fahrrad	Fahrrad	Fahrrad	Fahrrad

	Woche	3		Woche	4	
	Di	Do	So	Di	Do	So
Ziel	GA1	GA1	GA1	GA1	GA1	GA1
Methode	Ext. DM	Ext. DM	Ext. DM	Ext. DM	Ext. DM	Ext. DM
Intensität	60–75% Hfmax	60–75% Hfmax	60–75% Hfmax	60–75% Hfmax	60–75% Hfmax	60–75% Hfmax
Trainings- Herzfrequenz	111-139 S/min	111-139 S/min	111-139 S/min	111-139 S/min	111-139 S/min	111-139 S/min
Dauer	25 min	25 min	25 min	30 min	30 min	30 min
Gerät	Laufband (walken)	Laufband (walken)	Laufband (walken)	Laufband (walken)	Laufband (walken)	Laufband (walken)

	Woche	5		Woche	6	
	Di	Do	So	Di	Do	So
Ziel	GA1	GA1	GA1	GA1	GA1	GA1
Methode	Ext. DM	Ext. DM	Ext. DM	Ext. DM	Ext. DM	Ext. DM
Intensität	60–75% Hfmax	60–75% Hfmax	60–75% Hfmax	60–75% Hfmax	60–75% Hfmax	60–75% Hfmax
Trainings- Herzfrequenz	111-139 S/min	111-139 S/min	111-139 S/min	111-139 S/min	111-139 S/min	111-139 S/min
Dauer	30 min	30 min	30 min	30 min	30 min	30 min
Gerät	Laufband (joggen)	Laufband (joggen)	Laufband (joggen)	Laufband (joggen)	Laufband (joggen)	Laufband (joggen)

3.3 Begründung zum Mesozyklus

Nachfolgend wird der Aufbau des Mesozyklus erläutert und begründet. Es handelt sich um den ersten Mesozyklus der Trainingsplanung:

Da Herr X. seit seiner Schulzeit keinen Sport mehr betrieben hat, beginnt der Trainingsplan mit einer insgesamt geringen Belastung und einem wöchentlichen Belastungsumfang von 2 Trainingseinheiten in der ersten Woche, um die Gelenke, die Knochen, die Muskulatur und das Herz-Kreislauf-System langsam an die Belastungen zu gewöhnen. Ab der zweiten Woche wird der wöchentliche Belastungsumfang auf drei Mal die Woche erhöht, um regelmäßige und kontinuierliche Belastungen des Herz-Kreislauf-Systems zu sichern und somit die gewünschten Anpassungseffekte zu erreichen. Zwischen den einzelnen Trainingseinheiten liegt jeweils ein Tag Pause, um ein optimales Verhältnis zwischen Belastung und Erholung und die Regeneration zu gewährleisten (Prinzip der Superkompensation (Froböse, 2005)).

Auf Grund der Zielsetzung des 30-minütigen Dauerlaufes und des langen Ausbleibens einer sportlichen Betätigung gilt es, die Grundlagenausdauer aufzubauen. Da dies einen längeren Zeitraum beansprucht, zieht sich die Trainingsmethode des Aufbaus der Grundlagenausdauer 1 durch den gesamten Trainingsplan. Diese wird mit der extensiven Dauermethode und einer Herzfrequenz von 60-75% der maximalen Herzfrequenz trainiert (Zintl & Eisenhut, 2001). Die maximale Herzfrequenz wird beim Fahrrad mit ca. 200 abzüglich des Lebensalters, beim Walken und Laufen ca. 220 abzüglich Lebensalter berechnet (ACSM, 1998c, S. 975; Kindermann, 1987a, S. 244–268; Rost & Appell, 2001, S. 405; Schwarz, Schwarz, Urhausen & Kindermann, 2002, S. 293). Die errechnete maximale Herzfrequenz kann um 10 bis 12 Schläge pro Minute abweichen. Da sich die Belastungsintensität über die Herzfrequenz nicht stark ändert (leichte Steigerung der Trainingsherzfrequenz beim Wechsel vom Fahrrad zum Walken/Joggen) wird die Belastung über die Trainingsdauer gesteigert. Begonnen wird mit 20 Minuten und steigert sich langsam hoch bis auf 30 Minuten, die als Ziel des Laufes angegeben sind.

Fahrrad fahren ist vom Bewegungsablauf und der Koordination sehr einfach, der Organismus wird also nicht überfordert. Deshalb dient das Fahrrad oder das Fahrradergometer Herr X. als anfängliches Trainingsgerät. Ebenfalls werden hier die Gelenke wenig belastet und bei einer richtigen Sitz- und Lenkradeinstellung Fehler vermieden. Da als Ziel festgelegt ist, dass die Versuchsperson 30 Minuten durchlaufen möchte, wird er langsam an die Bewegungsform des Joggens herangeführt, indem er mit Walken beginnt. Dies bringt den Vorteil, dass zahlreiche Muskelgruppen beteiligt sind und für Anfänger das Herz-Kreislauf-System beansprucht wird. In den letzten beiden Wochen soll Herr X. beginnen zu joggen. Er soll so lange joggen, wie er kann und danach weiter gehen, bis er sich wieder in der Lage fühlt weiter zu joggen. Von Trainingseinheit zu Trainingseinheit werden die Teile, die Herr X. durchlaufen kann, immer länger, sodass er sich stetig verbessert und 30 Minuten am Stück durchlaufen kann.

Die Gewichtsreduktion lässt sich durch die extensive Dauermethode nur gering erreichen. Kombiniert mit einer ausgewogenen Mischkost kann eine leichte Gewichtsreduktion auf Grund der vermehrt verbrannten Kalorien erreicht werden. Der Wechsel in andere Trainingsmethoden wie zum Beispiel die intensive Dauermethode erfolgt in den folgenden Mesozyklen, welche eine Gewichtsreduktion begünstigt.

4 Literaturrecherche

Folgend werden zwei Studien zum Thema Effekte des Ausdauertrainings auf Adipositas/ Übergewicht tabellarisch vorgestellt:

Tab. 11: Studie 1: Effect of exercise training intensity on abdominal visceral fat and body composition (modifiziert nach Irving et. al, 2008)

Autor	Irving BA, Davis CK, Brock DW, Weltman JY, Swift D, Barrett EJ, Gaesser GA, Weltman A.
Publikationsdatum	November 2008
Forschungsfrage	Welchen Einfluss hat die Intensität beim Ausdauertraining bei übergewichtigen Frauen mit metabolischem Syndrom auf das abdominale viszerale Fett und die Körperzusammensetzung?
Versuchspersonen	27 mittel bis stark übergewichtige Frauen mit metabolischem Syndrom; 42-60 Jahre alt und BMI von 28 bis 40
Versuchsaufbau	Gruppe 1 (Kontrollgruppe): 7 Personen ohne zusätzliches Training (Beibehalten der aktuellen körperlichen Betätigungen). Gruppe 2: 11 Personen, die 5x die Woche unter oder an der aeroben Schwelle trainieren. Gruppe 3: 9 Personen, die 3x die Woche oberhalb der aeroben Schwelle und 2x unterhalb oder an der aeroben Schwelle trainieren. Die Trainings wurden 16 Wochen durchgeführt. Die Trainingseinheit wurde beendet, sobald 400kcal verbrannt wurden; ohne vorgegebene Zeit. Mit Einzelschicht-Computertomographie- Scans im L4-L5-Bandscheibenraum und in der Mitte des Oberschenkels wurden die Querschnittsflächen von Bauchfett und Oberschenkelmuskulatur bestimmt. Der Körperfettanteil wurde durch Luftverdrängungsplethysmographie bestimmt.

Ergebnisse, Schlussfolgerungen	Bei Gruppe 3 reduzierte sich signifikant das gesamte Bauch-fett (P <0,001), das subkuntane Fett (P = 0,034) und das abdominale viszerale Fett (P =0,010). Diese Werte haben sich bei Gruppe 1 und 2 nicht verändert.
	Daraus lässt sich schließen, dass sich ein Training mit einer Intensität oberhalb der aeroben Schwelle, im Vergleich zu einem Training unterhalb bzw. an der aeroben Schwelle, bei adipösen Frauen mit dem metabolischen Syndrom besser auf die Körperzusammensetzung auswirkt und das gesamte Bauchfett, das subkutane und das abdominale viszerale Fett reduziert wird.

Tab. 12: Studie 2: Effects of exercise intensity on cardiovascular fitness, total bodycomposition, and visceral adiposity of obese adolescents (modifiziert nach Gutin, B. et. al, 2002)

Autor	Bernard Gutin, Paule Barbeau, Scott Owens, Christian R Lemmon, Mara Bauman, Jerry Allison, Hyun-Sik Kang, Mark S Litaker
Publikationsdatum	2002
Forschungsfrage	Inwiefern wirkt sich die Trainingsintensität auf die kardiovaskuläre Fitness, den Körperfettanteil und das viszerale Fettgewebe adipöser Jugendlicher aus?
Versuchspersonen	80 13 bis 16-Jährige übergewichtige Jugendliche
Versuchsaufbau	Gruppe 1: alle 2 Wochen Lebensstilunterricht
	Gruppe 2: alle 2 Wochen Lebensstilunterricht und mäßig intensives körperliches Training
	Gruppe 3: alle 2 Wochen Lebensstilunterricht und intensives körperliches Training
	Das Training wurde fünf Mal die Woche durchgeführt. Die Trainingseinheit wurde beendet, sobald 250kcal (1047kJ) verbrannt wurden; ohne vorgegebene Zeit.
	Die kardiovaskuläre Fitness wurde mit einem mehrstufigen Laufbandtest, der Körperfettanteil mit einer Röntgenabsorptiometrie und das viszerale Fettgewebe mit einer Magnetresonanztomographie gemessen.

Ergebnisse,	Die kardiovaskuläre Fitness nahm bei Gruppe 3, im Vergleich
Schlussfolgerungen	zu Gruppe 1, signifikant zu (P= 0,009). Keine weiteren Vergleiche der drei Gruppen waren signifikant. Eine Vergleichsgruppe, die aus Teilnehmern der Gruppen 2 und 3 bestehen und ≥2 Trainingseinheiten pro Woche absolvierten, zeigte im Vergleich zur Gruppe 1 günstige Veränderungen der kardiovaskulären Fitness (P<0,001), des Körperfettanteils (P=0,001) und des viszeralen Fettgewebes (P=0,029). Es wurden keine Hinweise darauf gefunden, dass ein hochintensives Training bei der Verbesserung der Körperzusammensetzung effektiver sei, als ein mittelintensives Training. Zusammenfassend kann aber gesagt werden, dass körperliches Training die kardiovaskuläre Fitness, der Körperfettanteil und das viszerale Fettgewebe bei adipösen Jugendlichen signifikant verbessert.

5   Literaturverzeichnis

American College of Sports Medicine. (1998c). The recommended quantity and quality of exercise for developing and maintaining cardiorespiratory and muscular fitness, and flexibility in healthy adults. Medicine and science in sports and exercise, 30 (6), 975–991.

Bryner, R. W., Toffle, R. C., Ullrish, I. H. & Yeater, R. A. (1997). The effects of exercise intensity on body composition, weight loss and dietary composition in women. Journal of the American College of Nutrition, 16 (1), 68–73. Zugriff am 13.06.2019: https://www.ncbi.nlm.nih.gov/pubmed/9013436

Croci, S. (01/2018). Puls Normalwerte. BlutdruckDaten. Zugriff am: 14.06.2019: https://www.blutdruckdaten.de/lexikon/puls-normalwerte.html

Croci, S. (03/2018). Einteilung der Blutdruck-Werte laut WHO (Weltgesundheitsorganisation). Zugriff am: 14.06.2019: https://www.blutdruckdaten.de/lexikon/blutdruck-normalwerte.html

Dr. Prof. Froböse, I. (2005). Running and Health. Kompendium gesundes Laufen, Walking & Nordic Walking. Zentrum für Gesundheit. Zugriff am 28.06.2019: https://www.ingo-froboese.de/wp-content/uploads/2016/09/Running_Health.pdf

Folsom, A. R., Kushi, L. H., Anderson, K. E., Mink, P. J., Olson, J. E., Hong, C. P. et al. (2000). Associations of general and abdominal obesity with multiple health out-comes in older women: the Iowa Women's Health Study. Archives of Internal Medicine, 160, 2117–2128.

Gutin, B., Barbeau, P., Owens, S., Lemmon, C.R., Bauman, M., Allison, J., Kang, H., Litaker, M.S. (2002). Effects of exercise intensity on cardiovascular fitness, total body composition, and visceral adiposity of obese adolescents. *The American Journal of Clinical Nutrition*, Volume 75, Issue 5, May 2002, Pages 818–826. Zugriff am 29.06.2019: https://academic.oup.com/ajcn/article/75/5/818/4689394

Institut für Prävention und Nachsorge (IPN). (2004). *IPN-Test® - Ausdauertest für den Fitness- und Gesundheitssport*. Köln: Institut für Prävention und Nachsorge.

InterAct Consortium, Langenberg, C., Sharp, S. J., Schulze, M.B., Rolandsson, O., Overvad, K. et al. (2012). Long-term risk of incident type 2 diabetes and measures of overall and regional obesity: the EPIC-InterAct case-cohort study. Public Library of Science, 9 (6), e1001230.

Interdisziplinäre Leitlinie der Qualität S3 zur „Prävention und Therapie der Adipositas. Deutsche Adipositas-Gesellschaft, 11/1998

15/17

Irving, B.A., Davis, C.K., Brock, D.W., Weltman, J.Y., Swift, D., Barrett, E.J., Gaesser, G.A., Weltman, A. (2008). Effect of exercise training intensity on abdominal visceral fat and body composition. *Med Sci Sports Exerc. 2008 Nov;40(11):1863-72.* Zugriff am 28.06.2019: https://www.ncbi.nlm.nih.gov/pubmed/18845966?ordinalpos=2&itool=EntrezSystem2.PEntrez.Pubmed.Pubmed_ResultsPanel.Pubmed_DefaultReportPanel.Pubmed_RVDocSum

Kindermann, W. (1987a). Ergometrie-Empfehlungen für die ärztliche Praxis. Deutsche Zeitschrift für Sportmedizin, 38 (6), 244–268.

Martin, B.W., Marti, B.1 (1998). Bewegung und Sport: eine unterschätzte Gesundheits-ressource. Sportwissenschaftliches Institut der Eidgenössischen Sportschule Magglingen, Schweiz Institut für Sozial- und Präventivmedizin der Universität Zürich, Schweiz. Zugriff am 27.06.2019: https://images.siteface.net/siteface/News/836/1_Bewegung-Ges-Res-17112005.pdf

Rost, R. & Appell, H.-J. (2001). Lehrbuch der Sportmedizin. Köln: Deutscher Ärzte-Ver-lag.

Rost, R. (Hrsg.). (2002). Lehrbuch der Sportmedizin. Köln: Deutscher Ärzte-Verlag.

Schwarz, M., Schwarz, L., Urhausen, A. & Kindermann, W. (2002). Walking. Deutsche Zeitschrift für Sportmedizin, 53 (10), 292–293.

Zintl, F. & Eisenhut, A. (2001). Ausdauertraining. Grundlagen Methoden Trainingssteuerung (5. überarb. Aufl.). München: BLV.

6   Tabellenverzeichnis